BEI GRIN MACHT SICH IHR WISSEN BEZAHLT

AF149071

- Wir veröffentlichen Ihre Hausarbeit, Bachelor- und Masterarbeit

- Ihr eigenes eBook und Buch - weltweit in allen wichtigen Shops

- Verdienen Sie an jedem Verkauf

Jetzt bei www.GRIN.com hochladen und kostenlos publizieren

Bibliografische Information der Deutschen Nationalbibliothek:

Die Deutsche Bibliothek verzeichnet diese Publikation in der Deutschen National-
bibliografie; detaillierte bibliografische Daten sind im Internet über http://dnb.d-
nb.de/ abrufbar.

Impressum:

Copyright © 2004 GRIN Verlag, Open Publishing GmbH
Druck und Bindung: Books on Demand GmbH, Norderstedt Germany
ISBN: 978-3-640-53112-7

Dieses Buch bei GRIN:

http://www.grin.com/de/e-book/60783/gedichtinterpretation-von-gryphius-einsam-
keit-hoffmannswaldaus-vergaenglichkeit

Daniela Wuest

Gedichtinterpretation von Gryphius' "Einsamkeit", Hoffmannswaldaus "Vergänglichkeit" und Goethes "Willkommen und Abschied"

Ein Zusammenfassung in Stichpunkten

GRIN Verlag

Universität Karlsruhe (TH)

Fakultät für Geistes- und Sozialwissenschaften

Institut für Literaturwissenschaft

Daniela Nicole Wüst

B.A.-Germanistik/Multimedia
5. Semester

Proseminar:
Lyrik: Interpretationen

Interpretationen

I. Andreas Gryphius (1618-1664): „Einsamkeit"

II. Christian Hofmann von Hofmannswaldau (1616-1679): „Vergänglichkeit"

III. J. W. Goethe (1749-1782): „Willkommen und Abschied"

I. Andreas Gryphius (1618-1664): Einsamkeit

Allgemeines zur Lyrik des Barock:

a) Hintergrund:

- Dreißigjähriger Krieg - stark religiöse Prägung der Epoche - Glaubensspaltung
- Gegenreformation - Rückgang des Gefühls politischer zu Gunsten konfessioneller
  Zusammengehörigkeit - Überfremdung durch zahlreiche ausländische Einflüsse

Deutschland:

- Mischung von Imperium und föderativem Staat - Adel wird von den Landesfürsten
  abhängig
- Lebensgefühl zwischen Freude am Leben (»carpe diem«) und Vergänglichkeit
  (»memento mori«), zwischen Genuss und Askese, zwischen Sein und Schein.

b) Anforderungen:

- Barocke Ästhetik zeigt sich in der enormen Gespanntheit, losgelöst vom Individuellen,
  gebannt in die Objektivität der Form;
- Erfahrung muß unter allen Umständen gelehrt sein, Beherrschung des technisch
  Könnens in Bezug auf Aufbau, Metrik, Metaphorik, Emblematik;
- Hauptvertreter war Andreas Gryphius;

c) Formtypologische Elemente:

Die barocke Lyrik bevorzugt bestimmte Wort-, Satz-, Gedanken- und Klangfiguren.
Dabei ist man der Überzeugung, dass sich die deutsche Sprache nur dann für Lyrik eigne,
wenn sie metaphorische Verzierungen aufweise.

- **Topos:** meist aus der Antike stammendes inhaltliches Motiv oder literarische
  Formel die in der literarischen Tradition weiterlebt.
- **Metapher:** (bildliche Übertragung); für die barocke Lyrik besonders typisch.
  Kreisend abwandelnde Worthäufung (**Amplifikation**):
  kunstvolle Erweiterung bzw. Aufschwellung einer Aussage durch wiederholende
  Abwandlung und Betrachtung unter verschiedenen Gesichtspunkten oder -
  perspektiven (z.B. Schönheit der Geliebten). „ Ein Gedicht 'läuft nicht ab', indem es
  auf mehreren Stationen der Bewegung innehält, sondern es 'kreist'."

(Braak 1979, S.30). Dieses Umkreisen kann als ein Versuch angesehen werden, „die Vielfalt der Phänomene zu erfassen, die den Menschen umgeben [...] ist aber auch ein Suchen nach dem rechten Wort, dem rechten Abbild und Spiegel [...] Niemals ist eine sprachliche Erscheinung nur Spiel im Barock, niemals nur Äußerliches, immer spielt das Innerliche mit."

- **Unverbundene Worthäufung:**
  Asyndetische, d.h. ohne verknüpfende Konjunktionen erfolgende Reihung von Substantiven (Nomen); barocke Vorliebe für den Nominalstil.

- **Korrespondierende Worthäufung:**
  Beleg für die barocke Neigung, Beziehungen herzustellen und auch ein lyrisches Werk einer logischen Ordnung zu unterwerfen. Dies geschieht häufig dadurch, dass in den Schlussversen jene Begriffe, Gegenstände oder Bilder noch einmal in unverbundener Weise, aber in jenen genau entsprechender Zahl wieder aufgezählt werden.

- **Anaphorische Häufung:**
  Eindringliche wirkende Wiederholung des Anfangs eines jeden Verses (Anapher).

- **Parallelenhäufung:**
  Häufig in Verbindung mit der anaphorischen Häufung; ein Zentralpunkt oder das zentrale Thema steht als Anapher immer zu Beginn des Verses und wird dann in den verschiedenen Zeilen variiert, d.h. von verschiedenen Seiten beleuchtet.

- **Antithesenhäufung (Antithese):**
  Besonders im Alexandrinervers mit seinen zwei Hälften (Mittelzäsur nach der 3. Hebung) vorkommende Gegenüberstellung von These und Antithese, die in der barocken Gedankenlyrik der Polarität der Dinge und Gedanken Ausdruck verleiht.

- **Hyperbolisches Sprechen (Hyperbel):**
  Ausdruck virtuoser Sprachkunst im Barock bei der Lob- und Preisdichtung zum Ruhm des Herrschers oder zum Lobpreis der Geliebten; in der Literaturepoche der Aufklärung von Gottsched als „Schwulst" abgewertet.

- **Pointe:**
  Hinzielen barocker Lyrik auf einen überraschenden Schluss vor allem im Epigramm, aber auch bei Sonetten vorkommend.

- **Periphrase:** Umschreibung einer Person, einer Sache oder eines Begriffes durch Tätigkeiten, Eigenschaften oder Wirkungen, die es kennzeichnen.
- **Invokation:**
  literarischer Topos; Hilfe und Rat bei höheren Mächten suchende Wendung; z. B. in der Dichtung die Anrufung der Musen, der Götter oder Gottes; oft auch Mittel, um Häufungen nachdrücklicher und intensiver zu machen.
- **Concetto:**
  Wortspiele, die mit kühnen Vergleichen und Metaphern auf die Spitze getrieben werden und als besonders geistreich, witzig erscheinen sollen; später als Schwulst abgewertet.

d) Zur Biographie:

Die bis in die frühe Kindheit zurückreichenden leidvollen Erlebnisse und die konfessionellen Auseinandersetzungen haben auch Gryphius' Dichtungen nachhaltig beeinflusst, wobei er vorgegebene Muster und Traditionen nutzte. Man hat von einer „Poetik der Klage" gesprochen und damit vor allem seine Weltverachtung, seine Vanitas-Betrachtungen und seine Memento-mori-Mahnungen gemeint. Diese finden sich schon in seiner ersten Gedichtsammlung, den *Lissaer Sonetten* (1637), mit der berühmten *Trauerklage des verwüsteten Deutschlandes*, dem *Vanitas, Vanitatum*-Sonett oder der Klage *Menschliches Elende*. Mit 21 Jahren wurde ihm der Adelstitel sowie die Magisterwürde verliehen und machte ihn damit zum „Poeta laureatus".

In den Folgejahren erschienen:

- *Son- und Feyrtags Sonnete* (1639)
- *Epigrammata. Oden. Sonette; Erstes Buch* (1643)
- *Sonnette; zweites Buch (1646): das Ander Buch*
- *Oden; Zweites Buch* (1650)
- *Oden; Drittes Buch* (1657)

Von religiösen und teilweise politischen Überzeugungen geprägt sind Gryphius' in deutscher Sprache abgefassten Dramen: *Leo Armenius* (1650), *Catharina von Georgien* (1657), *Cardenio und Celinde* (1657), *Carolus Stuardus* (1657) und *Papinianus* (1659).

Trotz erkennbarer Anspielungen auf zeitgenössische Vorgänge kann aber von deutlicher Kritik an politischen Zuständen nicht gesprochen werden, da es ihm vor allem darauf ankommt, in seinem dichterischen Schaffen die Vergänglichkeit menschlichen Tuns und Schaffens aufzuzeigen.

e) „Einsamkeit" als Ort der Meditation:
Das Ander Buch:

Das Ander Buch ist nach den Tageszyklen aufgebaut, wobei das Sonett „Einsamkeit" zu den Morgen Sonetts gehört. Der dreistufige Aufbau nimmt Bezug auf die christliche Meditation, die sich im Sehen (Naturbild), im innere Aneignen (Applikation auf das menschliche Leben) und sich durch die geistige Durchdringung (Perspektive auf das Jüngste Gericht) vollzieht:

Videre= sehen: „Beschaw ich"

Meditari= bedenken: „Betracht ich"

Intellegere= erkennen: „mir/ der ich eigentlich erkannt"

Hierin baut Gryphius auf dem Fundament von Opitz auf, durchbricht jedoch den Klassizismus durch seine Intensivierungen des rethorischen Sprechens.

Das Sonett ist kein Landschaftsgedicht, da die christliche Tradition im eigentlichen Sinn keine Landschaftsdarstellungen kennt. Es geht hier vielmehr um eine geistige Auseinandersetzung mit Elementen der Natur: „Welt" in Bezug auf ihre heilsgeschichtliche Bedeutung und das Seelenheil des Einzelnen. Dies geschieht nicht um ihrer selbst oder landschaftlichen Schönheit willen, sondern im Hinblick auf die eschatologische[1] Bestimmung des Menschen. Naturgegenstände -und elemente stehen im Zusammenhang mit der christlich-allegorische Naturauslegung (Hintergrund: Bibelexegese).

Der Aufbau weißt Bezug zur Emblematik auf: Überschrift (Inscriptio), Bild (Pictura) und Epigramm (Subscriptio);

Der Dichter geht also nicht von einer vorgegebenen und erfahrenen Landschaft aus, sondern fügt bestimmte Naturelemente aneinander. Die Gemeinsamkeit dieser Naturelemente erschöpft sich darin, dass sie Träger analoger Bedeutung sind. Im Hinblick auf die Wiedergabe der erfahrbaren äußeren Wirklichkeit brauchen die einzelnen Elemente nicht zusammenzupassen, sie können sich geradezu ausschließen, wie hier die Vorstellung von „öder Wüste" und „rauhem Wald" (9).

---

[1] eschatologisch: heilsgeschichtlich auf die letzten Dinge des Daseins bezogen

Die wichtigsten rethorischen Figuren sind: Worthäufungen, asyndetische Reihungen, Parallelismen, Antithesen.

Die Natur wird durch Aufzählen seiner einzelnen Teile (enumeratio partium) beschrieben, um die rethorischen Mitteln noch zu intensivieren, auch so genannte „Zehnerworte" (Wahl greller und harter Ausdrücke).

Gryphius nahm häufige Änderungen an seinen Gedichten vor um den Bildgehalt zu steigern oder aus äußerlichen Gründen wie z. B. Metrik, Reim.

In der Renaissance entdeckte man die Einsamkeit als Ort, der dem schöpferischen Geist förderlich ist (Boccaccio, Franz von Assisi). Im 17. Jahrhundert häufen sich dagegen die Warnungen vor der Einsamkeit. Sie widerspreche der Art und Natur des Menschen und verführe zur Sünde und Laster. Die Stätte der Anfechtung erweist sich aber zugleich als bevorzugter Ort einer Meditation über die Eitelkeit alles Irdischen. Die einzelnen Requisiten: „Eulen, rauer Wald, Tal, Höhle, geborstene Mauern, brachliegende Felder" wurden von Gryphius nicht erfunden: er fand sie vielmehr in der Bibel im reichen Arsenal der enzyklopädisch-allegorischen Handbücher und Florilegien[2] der Zeit, in denen feste Bedeutungszuordnungen verfügbar gehalten wurden. Gelehrsamkeit und auch Kunstfertigkeit bestanden im 17. Jahrhundert unter anderem darin, im Rahmen bestehender Bedeutungszuordnungen zu variieren.

Die Einsamkeit der amönen (lieblichen) Landschaft eignet sich dazu, Tugenden und bestimmte affektive Werte zu vergegenwärtigen, nicht aber die Gewissheit, dass die Welt ein Jammertal ist. Vanitas-Gedanken stehen in einem eigenen Feld bildhaft-topischer Entsprechungen. Zu ihnen gehört eine besondere Szenerie der Einsamkeit: so die „öde Wüste" mit Gegenständen, die zeigen, dass alles Irdische dem Gesetz der Zeit, des Verfalls, der Sterblichkeit unterliegt (1-4, 9-12). Die „stillen Vögel" (4), die hier nisten, deuten das Unheimliche einer menschenverlassenen Gegend an.

Die genannten Gegenstände der Natur sind Sinn-Bilder, Abbilder, Zeichen. Sie vermögen die heilsgeschichtliche Bedeutung der Welt vor Augen zu führen. Wer, wie das Ich des Sonetts, den Schritt der Deutung zu vollziehen vermag, für den ist das öde, verlassene, unfruchtbare („ungebau'te") Land „schön und fruchtbar" (12f.).

In einer sinnreichen Wendung vollzieht Gryphius den Schritt von der heilsgeschichtlichen Dimension des Sonetts zum Aspekt des Seelenheils des einzelnen.

---

[2] Florilegium: Zusammenstellung von Texten antiker Schriftsteller

In dem Vers „Hir/fern von dem Pallast; weit von des Pövels Lüsten" (5) wird das Bauwerk („Pallast") für seine Bewohner, d.h. für die Menschen hohen Standes gesetzt, und mit dem Hinweis auf die „Lüste" des „Pövels" wird als kennzeichnendes Merkmal der untersten Bevölkerungsschichten - nämlich ihre Unfähigkeit, Leidenschaften zu bewältigen - für ihre Charakterisierung verwendet.

Themen seiner Dichtung:
Vorstellung von der Eitelkeit der Welt u. Hinfälligkeit des Menschen im heilsgeschichtlichen Kontext;
Die Vanitas-Dichtung variiert in vielfältiger Gestalt den Grundgedanken der Vergänglichkeit alles Irdischen. Sie erinnert auch den Fürsten an seinen Platz in der Heilsordnung.
Zum Selbstverständnis der Obrigkeit gehörte es hinzunehmen, dass an den gehobenen Ständen und am „Regiment" das Prinzip der Zeitlichkeit, der Vorläufigkeit der Welt überdeutlich vor Augen geführt wird (Fallhöhe).

II. Christian Hofmann von Hofmannswaldau (1616-79): „Vergänglichkeit der Schönheit"

a) Zur Biographie:

Auf dem Akademischen Gymnasium in Danzig (1636-38), lernt er den berühmten Schrift-
steller und Theoretiker Martin Opitz kennen und wird von ihm zum Dichten angeregt.
Während seines Studiums von Jura und Philologie in Leiden (1638-39), trifft er mit Anreas
Gryphius zusammen, bis ihn eine weitläufige Bildungsreise über Holland, England,
Frankreich und Italien 1646 wieder zurück nach Breslau, in seine Geburtstadt führt.

Bedingt durch seine beruflichen Verpflichtungen, verfasste Hofmannswaldau ab 1647 nur
noch wenige Werke; die meisten seiner literarischern Arbeiten entstanden in den vierziger
Jahren, darunter die *Poetischen Grab-Schrifften* (1643), der größte Teil seiner Lyrik, sowie
Übersetzungen. Seine sowohl religiöse als auch weltliche Lyrik enthält das ganze Spek-
trum barocker Lebensäußerung: melancholische Weltverleugnung ebenso wie erotisch-
frivole Liebessonette oder witzige Oden. Gedanken über das rechte Leben und Handeln,
ebenso wie Bejahung sinnlichen Genusses.

- Die Übersetzung von Giovanni Battista Guarinos berühmtem Gedicht *Il
  Pastor fido* (Der getreue Schäfer), 1652;
- *Helden-Briefe*, 1664; fiktive Briefwechsel, die der Wirkung der Liebe
  gewidmet sind, in extravagantem, laszivem Stil verfasst.

d) Petrarkismus:

Diese Stilform war von Petrarca bis in die Barockliteratur wichtig: eine normierte Liebes-
sprache mit festen Motivkreisen: Frauenpreis, Schilderung einzelner Schönheiten, Neben-
einander von Lust und Leid, Liebesklage und Todesbereitschaft. Im Modell des Pertrarkis-
mus bedeutet Liebe Widerspruch und Leiden in jeder Form, als Kampf, Krieg, Sklaverei,
Krankheit usw. Die Geliebte „dolce nemia" entzieht und verweigert sich der Werbung, hart
wie Stein, während der Liebhaber in einem „eiskalten Feuer" schmachtet. Der
„petrarkische Liebhaber hat schon etwas Masochistisches an sich, so hat das Bild seiner
Angebeteten etwas Sadistisches" (Liebe = „dolendi voluptas"). Die Frau wird zur leblosen
Puppe oder anatomisches Präparat , sowie in „Vergänglichkeit der Schönheit" nur einzelne
Gliedmaßen beschrieben werden, jedoch nicht die Geliebte als Ganzes.

Der Tod zeichnet sich durch Schärfe im Detail aus: dazu passend die Farben, Rot, Weiß, Schwarz, Gold und die Härte (Steine, Metalle), das Scharfe und das Spitze (Koralle, Pfeile), die stereotyp für die petrarkische Lyrik sind. Perle, Diamant und Kristall sind Abzeichen eines kalten, aber kostbaren Todes, verbunden mit „grellem" Licht. Damit wird ausgedrückt, dass eines das andere forciert wie Leiden die Lust, der Tod das Leben.

c) Interpretationshypothesen:

Erste Verstehensweise: Vergängnis-Sonett, gerichtet an verehrte Frau, Scherz-Sonett: galanter ironischer Stil; „Diamant" steht für Kraft und Güte vor Gott;

Zweite Verstehensweise: Diamant steht für Unzugänglichkeit, spröde Härte des umworbenen Herzens;

Dritte Verstehensweise: Schlusswitz des Scherz-Sonetts mit Selbstironie;

Übrig von der verehrten Frau bleibt der Stein aus sprödem Material;

Topos: „Dein Stolz ist Unnatur";

Übertreibung, Parodie indem der Dichter der angebeteten Frau erzählt, was sie hören will;

Das Gedicht ist weiterhin ausschließlich aus Hypotaxen, langen Satzstrukturen, aufgebaut, die symbolisch für das langsame, jedoch unaufhörliche Vergehen der Zeit stehen.

Die Überschrift ist hier die Inscriptio, der Titel des Gedichts, die II. und III. Strophe bilden die Pictura, die bildliche Veranschaulichung der Kernaussage, und die letzte Strophe, die Subscriptio, bildet eine Schlussaussage, eine Lehre fürs Leben.

Aus der Perspektive des werbenden Verehrers („galante Perspektive") wird das Vanitas-Motiv (Memento mori) verwendet, um das zögernde, männlichem Drängen und Werben offenkundig nicht so ohne Weiteres nachgebende Verhalten (Carpe diem) anzuprangern. In diesem Zusammenhang weist das Gedicht auf Exemplarisches und Typisches und ist nicht an eine konkrete Beziehung zwischen einem unmittelbare Lusterfüllung predigenden männlichen Verehrer und einer diesen hinhaltenden oder nur mit diesem kokettierenden weiblichen Schönheit zu verstehen (**entindividualisierte Personenbeziehung**).

Thema des Sonetts ist wie bei Gryphius die Vergänglichkeit, jedoch nicht im Sinne von Religiosität, sondern vom Ausleben des Lebens selbst.

In der ersten Strophe wird der Tod thematisiert, der zu jedem kommt, langsam und heim-
tückisch wie eine Krankheit zerstört er jegliche physische Schönheit. Das lyrische Ich will
seiner angesprochenen Partnerin vor Augen führen, dass ihre Schönheit vergänglich ist und
sie seinem Werben nachgeben soll. Er tut dies, indem er auf der einen Seite ihre körperliche Schönheit beschreibt („liebliche Korall der Lippen") und diese durch Gegensätze in
den Zustand des Todes versetzt. Dadurch will das lyrisch Ich bei der Angebeteten die
Erkenntnis erreichen, dass Leben und Tod zwar zusammen gehören, aber dass es jetzt an
der Zeit ist, das Leben und die Leidenschaft zu genießen, besonders weil sie noch durch
ihre Schönheit dazu in der Lage ist.

Hinter der ausführlichen Beschreibung ihrer körperlichen Vorzüge steht die Ironis des
lyrischen Ichs: im Grunde weiß der Werbenden, dass sie hart wie ein „Diamant" bleiben
und seinem Drängen nicht nachgeben wird. Deshalb bleibt einzig ihr verhärtetes sprödes
Herz ohne Gefühl und Leidenschaft bestehen, anstatt in dieser zu verglühen oder in seinem
Herzen als wertvolle Erinnerung zurück zu bleiben.

Christian Wagenknecht (1982)
"In derlei „Galanten Gedichten" wirbt allemal ein Liebender um die Gunst der Geliebten.
Sie soll ihr Herz erweichen und den Tag genießen. Aber während sich der Liebhaber
zumeist auf nur auf den Widerspruch beruft, in dem die Göttlichkeit der Schönen zu ihrer
Grausamkeit steht, macht er sich in Hofmannnswaldaus Sonett das ungleich stärkere
Argument zunutze, das in der Vergänglichkeit der Schönheit gelegen ist. Auch diese
Verknüpfung beider Devisen, des Memento mori und des Carpe diem, bildet einen Topos
der barocken Liebespoesie. [...] Nur darum soll sich die Schöne der Hinfälligkeit ihrer
Reize vergewissern, um daraus die Lehre zu ziehen, dass ihr nichts als der Genuss der
Jugend bleibt. Lass statt des Knochenmanns, so lautet die sinnreich verkleidete Botschaft,
lieber mich um deine Brüste streichen"
(Christian Wagenknecht 1982, zit. n.: van Rinsum 1986, S.100)

III. J. W. von Goethe (1749-1782): „*Willkommen und Abschied*"

a) Geistesgeschichtlicher Hintergrund

gegen die Aufklärung:

Gegen Muster- und Regelpoetik: Natur des Originalgenies, Individualität- Intuition-

Genialität- Natürlichkeit, Befreiung der Gefühle, Brechung der Formen;

Erlebnis- und Ausdrucksdichtung aus der „Fülle des Herzens";

Kampf gegen Despotismus der kleinen Territorialfürsten, Wurzeln der politischen Lyrik.

Gegen die Empfindsamkeit:

Passives Verharren in elegischen Stimmungen, statt leidenschaftliche Unbedingtheit,

Frische, Bekenntnis zum Ursprünglichen und Originalen

b) Dichtungstheoretische Grundlagen:

- **Klopstock**: „Ästhetische Schriften" (1755/59), „Die deutsche
  Gelehrtenrepublik"(1774)
- **Hamann**: „Kreuzzüge des Philologen (1762)
- **Herder**: „Von deutscher Art und Kunst"
  Alle Dichtung ist Lyrik:
  „Diese vier Gattungen der Dichtkunst sind die Alter der Menschheit: das erste
  empfindet; das zweite denkt mechanisch; das dritte erfindet; das vierte denkt durch
  Freiheit."
- **Ablehnung aller formstrengen Dichtung**:
  Ablehnung von Ode, Sonett, Elegie = sind gekünstelt, vorwiegend durch Verstand
  gesteuert
  Warnung vor Nachahmung der antiken klassischen Muster, Verwendung des
  Hexameters, Einschränkung der lateinischen Sprache
- **Befürwortung der freien Rhythmen**
- **Verherrlichung der Volksdichtung:**
  Ideal der deutschen Kunst: „unverbildete nationale Volkskunst"
  Muster: Volkslied, -ballade, -märchen, -sage (Homer, Shakespeare);
  Wiederbelebung der hebräischen Poesie auf Grundlage der Bibel, Einflüsse von
  Percy und MacPherson, besonders die Ossian-Lieder;
  Anreicherung der Dichtung durch älterer Literatur und Mundarten;

Ergebnis dieser Entwicklung ist „Volkslieder" (ersch. 1778/79);

c) Entstehungsgeschichte:

In der 3. Schaffensphase von 1770-1775 (Straßburg und Frankfurt) entstand ein großer Teil der erst Jahrzehnte später veröffentlichten Lyrik. Kennzeichen dieser Phase ist der unmittelbare Ausdruck des erlebten Gefühls in Auseinandersetzung mit der Form, da kein Wort bzw. Ausdruck die Gefühle hinreichend ausdrücken oder erfassen kann. In diesem Zeitabschnitt entstanden die „Sesenheimer Lieder" (Lieder an Friederike Brion), die Liedverse im „Urfaust" und frühe Hymnen, so genannte „Lili-Lyrik".

Die Begegnung im Okt. 1770 mit Friederike Brion (Pfarrerstochter) zeichnet sich durch jugendlichen Überschwang (freie Rhythmen) und volksliedhafte Einfachheit als besondere Kennzeichen der „Friederike-Lieder" (Erlebnislyrik) ab.

„Es schlug mein Herz. Geschwind zu Pferde", entstand 1771 erstmals als zehnzeiliges Fragment und wurde 1775 in Jacobis Zeitschrift „Iris" abgedruckt, aber ohne Titel. 1789 änderte Goethe den Titel zu "Willkomm[en] und Abschied" und letztendlich erschien das Gedicht 1810 in der Werkausgabe unter dem Titel "Willkomm[en]".

1. Fassung von 1771

    „Es schlug mein Herz. Geschwind zu Pferde!

    Und fort, wild wie ein Held zur Schlacht."

2. Fassung von 1789

    „Es schlug mein Herz, geschwind zu Pferde!

    Es war getan fast eh gedacht"

Fassung „wild" in der Hebungsstufe rhythmisch gleichmäßiger.

1. Fassung von 1771

    „Du gingst, ich stund uns sah zur Erden"

2. Fassung von 1789

    „Ich ging, du standst, und sahst zu Erden"

d) Interpretation:

1.Ansatz:

Neu am Motiv war, dass die eigentliche Begegnung mit der Geliebten ausgespart bleibt. Das Gedicht springt vom Ritt (2 Strophen) und Ankunft (1 Strophe) gleich zum Abschied (1 Strophe).

Naturphänomene (Nacht, Nebel, Finsternis- Mond- rosenfarbenes Frühlingswetter) dienen dem Ausdruck innerer starker Emotionen, die in der Erkenntnis enden, dass die Gegensätze innerhalb der Liebe, nämlich Erfüllung, Glück, und auf der anderen Seite, Leid und Schmerz sein können.

Im gesamten Gedicht herrscht Sprachlosigkeit vor: Das lyrische Ich ist eloquent, aber die Liebenden sind sprachlos und kommunizieren nicht miteinander. Dadurch wird die Fixierung auf das Visuelle („aus deinen Blicken sprach dein Herz (26))" betont so dass, die Augen-Blicke vorherrschen, welche während und nach der Begegnung im Mittelpunkt stehen. D. h. Liebe entsteht durch Visuelles und verschlägt dem, der liebt, die Sprache.

In den ersten beiden Strophen beschreibt der Dichter die innere Verfassung eines Liebhabers, der im Begriff ist, sich bei Einbruch der Dunkelheit mit dem Pferd auf die Reise zu seiner Geliebten zu begeben. Der Gefühlszustand des lyrischen Ichs wird besonders anschaulich durch die Verwendung vielfältiger Bilder aus der Natur dargestellt.

Die überstürzte Abreise wird besonders deutlich durch die Formulierung „... getan fast eh gedacht" hervorgehoben. Die alliterierenden Anfangslaute in den Verben „getan" und „gedacht" - wobei noch das Adjektiv „geschwind" aus der ersten Zeile einbezogen werden kann - unterstützen die jambische Metrik, aus der sich bei etwas Phantasie und je nach Vortragsart der Takt des Pferdegalopps heraushören läßt.

In den nächsten beiden Versen beschreibt der Dichter eine ruhige romantische Abendstimmung, die sich kontraststark von der Hektik der Aufbruchssituation abhebt. Mittels Personifikation des Abends in Kombination mit der recht bildhaften Beschreibung „wiegte schon die Erde", bei der die Assoziation zu einem Kind, das in den Schlaf geschaukelt wird, nahe liegt, wird hier eine ruhige Grundstimmung erzeugt, die sich unter Verwendung gleicher Stilelemente auf die folgende Verszeile („Und an den Bergen hing die Nacht") überträgt. Die Wortstellung der jeweils personifizierten Zeitbegriffe „der Abend" und „die

Nacht" sowie der recht konkreten Naturbegriffe „Erde" und „Berge" wird zudem durch einen Chiasmus aufgelockert.

Im Gegensatz dazu wird in der zweiten Hälfte der ersten Strophe wiederum die psychische Anspannung des lyrischen Ichs aufgegriffen, in dessen subjektiver Wahrnehmung die Natur - gleichsam als Gegenspieler - äußerst bedrohliche Züge annimmt. Die Natur stellt sich dem innerlich Aufgewühlten gespenstisch und unheimlich entgegen: eine Eiche, personifiziert durch ein „Nebelkleid", wird als „aufgetürmter Riese" und die personifizierte Finsternis als Gespenst „mit hundert schwarzen Augen" wahrgenommen, wobei die jeweiligen metaphorischen Elemente mit Hilfe von Hyperbeln noch zusätzlich an Bedrohlichkeit gewinnen.

In der 3.Strophe erlebt das lyrische Ich das „Willkommen" bei seiner Geliebten. Es wir der Eindruck von Glück und Harmonie vermittelt („Freude"). Das „Es" am Anfang ist deshalb nicht personal, aber aktives Subjekt, aber nicht willentlich geschehene Handlung. Damit ist man dem unterworfen -nämlich seinen Emotionen- die Leidenschaft und Handlung auslösen. Die Nacht wird bewusst übersprungen, da der Leser seine eigene Phantasie mit einbringen kann (im Bezug auf „ES").

Im der letzten Strophe werden die negativen Seiten der Liebe beschrieben: Abschied nehmen von einer geliebten Person. Das lyrische Ich erkennt, dass auch Leid zur Liebe gehört, wobei es die Götter als Zeugen anruft („Lieben...ein Glück...").

2. Ansatz:
Meyer-Krentler ist der Ansicht, dass sich Goethe, selbst Jurist, auf eine Zuchthaus-Zusatzstrafe gleichen Namens „Willkomm[en] und Abschied" bezieht.
Der Inhalt dieser Bestrafung sieht die Auspeitschung beim Eintritt und Verlassen des Zuchthauses, eine Körperstrafe für „hartnäckige Bösewichte, besonders liderliche Personen, Huren, Hurenböcke, und Spitzbuben" vor.
Im späten 18. Jahrhundert war dies eine geläufige Strafe mit gesetzlichem Rang nach dem preußischen Landrecht. Goethe sieht in ihr Unmenschlichkeit und Härte im Gegensatz zu seiner Auffassung zu Aufklärung und Vernunft.

Der Zusammenhang mit der Begegnung Friederike Brion soll folgender sein:

Goethe erschleicht sich das Vertrauen der Familie Brion, indem er sich als Theologie-Student ausgibt, dadurch hält ihn ihr Vater, der Pfarrer ist, für einen Heiratskandidaten für seine Tochter.

Am nächsten Tag verkleidet sich Goethe als Bauernbursche (Stand unter Friederike) und trifft sich Abends wieder mit Friederike. Das ist zur damaligen Zeit eine klare Übertretung der Standesgrenzen, eine „Lüderlichkeit", die die Grenzen des Anständigen überschreitet. Mit der erotischen Annäherung verbunden, würde dies als „Schwächung" (i. preuß. Landrecht) gelten und mit eben dieser Zuchthausstrafe geahndet werden. Durch die Bedienstenmaskerade wird die Beziehung zu Friederike klar unstandesgemäß, ohne das die Beteiligten (Vater) es überblicken.

Der Topos über die Grausamkeit der Liebe ist nach Meyer-Krentler: wer leidenschaftlich liebt, muss leiden. Trennungen, Abschiede, Abweisungen usw. verletzten, hinterlassen psychische und körperliche Verletzungen.

Der Schluss des Gedichts „Und doch, welch ein Glück geliebt zu werden
Und lieben Götter, welch ein Glück!"
ist trotzig-affirmativ, lebensbejahend, und soll dem Leser sagen „wie es auch sei, das Leben, es ist gut".

Literatur:

Wolfram Mauser: Andreas Gryphius' Einsamkeit. In: Meid 1982, S. 231ff.

Braak, Ivo: Gattungsgeschichte deutschsprachiger Dichtung in Stichworten, Teil IIb,
Lyrik: Vom Barock bis zur Romantik. Würzburg 1979

Freund, Winfried: Deutsche Lyrik. Interpretationen vom Barock bis zur Gegenwart,
München 1990

Herzog, Urs: Deutsche Barocklyrik. Eine Einführung, München 1979

Meid, Volker (Hg): Gedichte und Interpretationen, Bd. 1, Renaissance und Barock,
Stuttgart 1982

Meid, Volker: Barocklyrik. Stuttgart 1986

Wagenknecht, Christian: Memento mori und carpe diem. Zu Hofmannswaldaus Sonett
„Vergänglichkeit der Schönheit". In: Gedichte und Interpretationen, Bd. 1. Renaissance
und Barock, hg. v. Volker Meid, Stuttgart 1982

Stöcklein, Paul : Hofmannswaldau und Goethe: „Vergänglichkeit" im Liebesgedicht, in:
Hirschenauer/Weber (Hg.)1956. (S.77-98, h: S.80)

Meyer-Krentler, Eckhardt: Willkomm und Abschied. Herzschlag und Peitschenhieb.
Goethe-Mörike-Heine, München 1987